U0165282

Six Frames: For Thinking about Information

六个思考框

[英] 爱德华·德博诺 著

柏惠鸿 译

刘国俊 审校

中国科学技术出版社
·北 京·

First published as SIX FRAMES in 2008 by Vermilion, an imprint of Ebury Publishing.
Ebury Publishing is part of the Penguin Random House group of companies.
北京市版权局著作权合同登记　图字：01-2022-3565

图书在版编目（CIP）数据

六个思考框 /（英）爱德华·德博诺
（Edward de Bono）著；柏惠鸿译 . — 北京：中国科学
技术出版社，2023.8
书名原文：Six Frames: For Thinking about
Information
ISBN 978-7-5046-9935-0

Ⅰ . ①六… Ⅱ . ①爱… ②柏… Ⅲ . ①思维方法—研
究 Ⅳ . ① B80

中国国家版本馆 CIP 数据核字（2023）第 032343 号

策划编辑	申永刚　方　理　褚福祎	**责任编辑**	褚福祎
封面设计	今亮新声	**版式设计**	蚂蚁设计
责任校对	张晓莉	**责任印制**	李晓霖

出　　版	中国科学技术出版社
发　　行	中国科学技术出版社有限公司发行部
地　　址	北京市海淀区中关村南大街 16 号
邮　　编	100081
发行电话	010-62173865
传　　真	010-62173081
网　　址	http://www.cspbooks.com.cn

开　　本	787mm×1092mm　1/32
字　　数	41 千字
印　　张	3.875
版　　次	2023 年 8 月第 1 版
印　　次	2023 年 8 月第 1 次印刷
印　　刷	河北鹏润印刷有限公司
书　　号	ISBN 978-7-5046-9935-0/B·144
定　　价	62.00 元

Dear Chinese Readers,

These books are practical guides on how to think.

My father said "you cannot dig a hole in a different place by digging the same hole deeper". We have learned to dig holes using logic and analysis. This is necessary but not sufficient. We also need to design new approaches, to develop skills in recognizing and changing how we look at the situation. Choosing where to dig the hole.

I hope these books inspire you to have many new and successful ideas.

Caspar de Bono

亲爱的中国读者们，

这套书是关于如何思考的实用指南。

我父亲曾说过："将同一个洞挖得再深，也无法挖出新洞。"我们都知道用逻辑和分析来挖洞，这很必要，但并不够。我们还需要设计新的方法，培养自己的技能，来更好地了解和改变我们看待事物的方式，即选择在哪里挖洞。

希望这套书能激发您产生许多有效的新想法。

卡斯帕·德博诺

德博诺全球总裁，爱德华·德博诺之子

荣誉推荐

德博诺用最清晰的方式描述了人们为何思考以及如何思考。

——伊瓦尔·贾埃弗（Ivar Giaever）

1973 年诺贝尔物理学奖获得者

非逻辑思考是我们的教育体制最不鼓励和认可的思考模式，我们的文化也对以非逻辑方式进行的思考持怀疑态度。而德博诺博士则非常深刻地揭示出传统体制过分依赖于逻辑思考而导致的错误。

——布莱恩·约瑟夫森（Brian Josephson）

1973 年诺贝尔物理学奖获得者

德博诺的创新思考法广受学生与教授们的欢迎，这套思考工具确实能使人更具创造力与原创力。我亲眼见证了它在诺贝尔奖得主研讨会的僵局中发挥作用。

——谢尔登·李·格拉肖（Sheldon Lee Glashow）

1979 年诺贝尔物理学奖获得者

没有比参加德博诺研讨会更好的事情了。

——汤姆·彼得斯（Tom Peters）

著名管理大师

我是德博诺的崇拜者。在信息经济时代，唯有依靠自己的创意才能生存。水平思考就是一种有效的创意工具。

——约翰·斯卡利（John Sculley）

苹果电脑公司前首席执行官

德博诺博士的课程能够迅速愉快地提高人们的思考技巧。你会发现可以把这些技巧应用到各种不同的事情上。

——保罗·麦克瑞（Paul MacCready）

沃曼航空公司创始人

德博诺的工作也许是当今世界上最有意义的事情。

——乔治·盖洛普（George Gallup）

美国数学家，抽样调查方法创始人

在协调来自不同团体、背景各异的人方面，德博诺提供了快速解决问题的工具。

——IBM 公司

德博诺的理论使我们将注意力集中于激发员工的创造力，用他的方法可以提高服务质量，更好地理解客户的所思所想。

——英国航空公司

德博诺的思考方法适用于各种类型的思考，它能使各种想法产生碰撞并很好地协调起来。

——联邦快递公司

水平思考就是可以在 5 分钟内让你有所突破，特别适合解决疑难问题!

——拜耳公司

创新并不是少数人的专利。实际上,每个人的思想中都埋藏着创新的种子,平时静静地沉睡着。一旦出现了适当的工具和引导,创新的种子便会生根发芽,破土而出,开出绚烂的花。

——默沙东(MSD)公司

水平思考在拓宽思路和获得创新上有很大的作用,这些创新不仅能运用在为客户服务方面,还对公司内部管理有借鉴意义。

——固铂轮胎公司

(德博诺的课程让我们)习得如何提升思维的质量,增加思考的广度和深度,提升团队共创的质量与效率。

——德勤公司

水平思考的工具，可以随时应用在工作和生活的各个场景中，让我们更好地发散思维，收获创新，从内容中聚焦重点。

——麦当劳公司

创造性思维真的可以做到在毫不相干的事物之间建立神奇的联系。通过学习技巧和方法，我们了解了如何在工作中应用创造性思维。

——可口可乐公司

（德博诺的课程）改变了个人传统的思维模式，使思考更清晰化、有序化、高效化，使自己创意更多，意识到没有什么是不可能的，更积极地面对工作及生活。

——蓝月亮公司

（德博诺的课程）改变了我们的思维方法，创造了全新的思考方法，有助于解决生活及工作中的实际问题，提高创造力。

——阿克苏诺贝尔中国公司

（德博诺的课程让我们）学会思考，可以改变自己的思维方式。我们掌握了工具方法，知道了应用场景，有意识地使用思考序列，可以有意识地觉察。

——阿里巴巴公司

解决工作中的问题，特别是一些看上去无解的问题时，可以具体使用水平思考技能。

——强生中国公司

根据不同的创新难题，我们可以选择用多种水平思考工具组合，发散思维想出更多有创意的办法。

——微软中国公司

总序

改变未来的思考工具

面对高速发展的人工智能时代，人们难免对未来感到迷茫和无所适从。如何才能在激烈的市场竞争中脱颖而出，成为行业的佼佼者？唯有提升自己的创造力、思考能力和解决问题的底层思维能力。

而今，我们向您推荐这套卓越的思考工具——爱德华·德博诺博士领先开发的思维理论。自1967年在英国剑桥大学提出以来，它已被全球的学校、企业团队、政府机构等广泛应用，并取得了巨大的成就。

在过去的半个世纪里，德博诺博士全心全意努力改善人类的思考质量——为广大企业团队和个人创造价值。

德博诺思考工具和方法的特点，在于它的根本、实用和创新。它不仅能提高工作效率，还能帮助我们找到思维的突破点，发现问题，分析问题，创造性地解决问题，进而在不断变化的时代中掌握先发优势，超越竞争，创造更多价值。

正是由于这套思考工具的卓越表现，德博诺思维训练机构在全球范围内备受企业高管青睐，特别是在世界 500 强企业中广受好评。

自 2003 年我们在中国成立公司以来，在培训企业团队、领导者的思维能力上，我们一直秉承着德博诺博士的理念，并通过 20 年的磨炼，培养和认证了一批优秀的思维训练讲师和资深顾问，专门服务于中国企业。

我们提供改变未来的思考工具。让我们一起应用智慧的力量思考未来，探索未来，设计未来，创造未来和改变未来。

赵如意

德博诺（中国）创始人 & 总裁

导读

给自己设置思考指南针

　　"混乱是良好思维的大敌"，这是本书绪论的第一句话。在日常工作、生活中，我们经常会为自己混乱而低效的思维烦恼。我们常常发出这样的疑问：这个情况之前怎么没有想到过，那个结果怎么也没有想到过？如同生活中处理多件事时容易丢三落四一样，我们的思维也经常如此。我们的大脑越是试图同时思考多种事情，我们的思维就越混乱而低效。

　　爱德华·德博诺不仅注意到这个问题，而且设计了一套对应的思维工具来解决这个问题，这就是《六个思考框》，它如同在我们的大脑内放置了一个思考指南针，指引我们从六个方向关注信息。

三角形框强调目的，清晰列出对信息的需求。

圆形框强调准确，指引想象命中靶心，目的在于比较信息，关注信息的准确性和可靠性。

正方形框强调视角，同一视角不同观点，关注偏见或中立程度。

心形框关注兴趣，即对自己和对他人的兴趣，特别鼓励人们在没有明显感兴趣的事情时，更加努力地挖掘兴趣点。

钻石框关注价值，思考信息的价值是什么，包括对确认的价值、对分歧的价值、机会价值、对周围世界认识的价值。钻石框总结和概括了这些信息的价值所在，以及价值的类型和水平。

平板框关注结果，代表可以进行陈列和展示的平台，通过平板框我们将得出结论。平板框是为结果和结论设计的，需要深思熟虑。

我们阅读《六个思考框》，如同给自己设置了一个思考指南针。我们不仅需要记住这六个思考框指引的思考方向，更重要的是去践行。你可以培养自己使用思考框的习惯，有意识地将自己的注意力"引导"到某个思考框上，这样就可以极大地简化自己看待信息的方式，而不是试图同时处理全部信息。不妨将思考框看作看待信息的六种方式，它们让我们如同拿着指南针一样，每次从东南西北一个方向看待信息，从这样的实际思考中受益，并在不知不觉中让思维升级。

无论在工作还是日常生活中，学习和运用六个思考框，都会让你的思维越来越清晰、简洁和高效。

刘国俊

德博诺六项思考帽®、水平思考™课程认证思维训练师

德博诺（中国）合伙人、华东办总经理

前言

注意力是思考的关键组成之一。然而我们很少关注注意力本身，往往只是顺其自然。

注意力会被不寻常的事物吸引。如果你看到有人躺在路中间，你的注意力就会被他吸引。如果你看到一只亮粉色的狗，你的注意力就会转移到那只狗身上。

这正是注意力的弱点。它总是被不寻常的事物吸引。我们又会分给寻常的事物多少注意力呢？

感知是思考的关键组成部分。哈佛大学教授戴维·珀金斯（David Perkins）的研究结果表明，90%的常规思维错误是感知错误。再好的逻辑也弥补不了感知上的错误。哥德尔定理（Goedel's theorem）表明，在一定的前提条件下，再强大的逻辑也会有既无法证明又无法证伪的命题。

注意力是感知的关键要素。如果无法引导注意力，我们就只能见常人所见。

>>> 引导注意力

关于注意力，我们能做些什么？除了被动地等着注意力被不寻常的事物吸引，我们还可以通过建立框架，有意识地引导注意力。

就像我们可以决定看向北方或东南方一样，我们也可以通过建立框架来引导注意力。这就是六个思考框的意义所在。每个思考框都是一个观察的方向。通过观察，我们就会注意到在各个方向看到了什么。

通过运用这种方式，我们可以满足需求，可以寻找价值、兴趣、准确性等。六个思考框的作用就是引导注意力。

≫≫ 海量信息

我们身处信息的海洋之中。获取信息从来没有像今天这么容易过（例如通过互联网等）。但只有信息本身是不够的，重要的是如何看待信息。我们如何最大限度地利用信息带来的价值？这是一个需要关注的问题。

六个思考框提供了一种从信息中获取更多价值的方法。因此思考框和信息本身一样重要。这种方法简单易用，但我们要想让其有效，就必须仔细思考并严格遵守规范。仅仅相信自己在做某件事，一定比不上真的认真仔细地去做这件事。

目录

绪论

六个思考框

EDWARD
DE
BONO

混乱是良好思维的大敌。

不幸的是，头脑越活跃，发生混乱的风险就越大。良好思维普遍以清晰明了为目的，但如果代价是牺牲全面性，那么这种清晰并无好处。只对整体的一小部分深度了解毫无价值，甚至非常危险。兼顾清晰与全面是非常重要的。

混乱的主要原因是试图同时处理所有事情。当大脑想要多线并进时，最终大脑只会认真彻底地做其中的某一件事，其他事则几乎毫无进展。这就是为什么我提出的"六顶思考帽"如此强大有效。在会议或讨论中，如果我们试图同时处理所有事情，那么我们通常会以消极和互相批评的方式结束讨论，因为这种方式最简单，也是我们最常使用的。六项思考帽如今在各种场合甚至在高级经济会议中被使用，就是因为它能确保对主题进行完整、彻底的探索和建设性的讨论。

我们生活在信息时代，被信息"狂轰滥炸"，可以轻易获得自己需要的各种信息——实际上远比我们需要的更多。那么我们应当如何处理这些信息呢？

如果你很清楚需要什么信息，或者有非常具体的问题需要找到答案，那你就直接去对的地方找。假设要找晚上6点后从伦敦到巴黎的最早的航班，你可以查询航空公司的航班时刻表或咨询熟悉的旅行社。当然还要考虑一下选哪个机场和航空公司，因为那个时间段去有的机场的路可能会很堵。

如果我们只处理真正需要的信息，生活将会变得简单，却非常局限和枯燥。对于在电视、广播、报纸、杂志和与他人交谈中获得的信息，我们也需要做出反应，这些信息应该如何处理呢？

信息有许多重要的属性，如准确性、偏见、趣味性、相关性、价值等。我们可以尝试同时评估这些不同的方面，为了避免混乱，也可以将它们分开评估，并确保评估时涵盖了看待这些信息的各种不同方式。

这就是本书要做的事情。每次我们只用一个思考框进行观察。这个信息有多准确？信息中存在什么偏见？本书列出了六个思考框。

你可以自己养成使用思考框的习惯，有意识地将注意力引导至某个思考框上。你也可以推荐别人使用某个思考框："试试使用正方形框思考，你发现了什么？"在讨论中也可以运用思考框，让每个人在某一特定环节都用相同的思考框思考。

如果你让一个人到花园里观察各种颜色，他可能只会注意到最主流的那些——例如玫瑰的红色、洋水仙的黄色——注意不到没那么明显的颜色。如果你让同一个人去找蓝色，再找红色，然后找黄色，那么他的注意力的关注范围会更加全面。

在思考信息时有框架，意味着大脑可以提前准备并更加敏感地注意到不同的事物。我们可以注意到信息的准确性、信息中表达的观点、信息中的趣味性。每个思考框都让大脑准备好以特定的方式看待信息。我们看到的是我们准备看到的。

本书中描述的六个思考框提供了一套体验和看待信息的简单工具。

使用六顶思考帽时，会产生意想不到的结果。看起来这种方式似乎使讨论变得复杂和漫长，事实上使用思考帽可以将会议时长缩短到原来的四分之一甚至十分之一。同样，思考框极大地简化了我们看待信息的方式，绝非使它变得复杂。多线并进时还要担心是否遗漏了重点，相比之下一次只做一件事要简单得多。

阅读本书时，请牢牢记住每个思考框的形状。这六个形状将成为看待信息的六种方式的触发信号。有时我们可能会选择用某种方式看待信息，而非另一种方式，现在这将成为深思熟虑后的选择。

通过区分看待信息的不同方式，并用几种形状代表不同思考框，我们就可以控制大脑如何思考。现在你可以更有意识地引导注意力，而不是任由它混乱地游走。

我们知道感知是思考中最重要的部分，所以感知信息的方式非常重要。

第一个思考框

三角形框：目的

EDWARD DE BONO

等腰三角形是有指向性的。等腰三角形的顶角指向某个方向，这个方向就是目的。运用三角形框时，我们关注的是处理信息的目的。

我们每时每刻都身处信息包围之中。很多时候我们并没有"处理信息的目的"，也可能有时候我们带着目的。带着明确的目的会非常有用。

≫ 注意力

你走在去超市的路上，要买一些早餐时吃的麦片。这就是很清晰的目的。你突然注意到一张贴反了的海报，它吸引了你的注意力。你想知道这是粗心大意贴反了，还是故意用这种方式博人眼球——实际上它已经引起了你的注意。

你注意到一个商店橱窗里展示的全部是紫色衣服。这吸引了你的注意力，它正是为了这个目的而设计的。

有些事物吸引了我们的注意力，于是我们会去看，会留意。

我们可以等着某些事物吸引我们的注意力，也可以主动引导我们的注意力。两者并不矛盾，你在选择引导注意力的同时仍然可以被一些事物吸引。

引导注意力与意志力有关，就像引导探照灯光束的方向一样。

当你往超市走的时候，可以选择去关注路上每个商店外墙的颜色。有没有什么规律呢？所有杂货店的外墙颜色都一样吗？其中是否有特殊的考虑，或是完全由店主的个人喜好决定？哪种颜色最能吸引注意力？是不是有些颜色看起来更加整洁干净？

你也可以选择把注意力放在路人的鞋子上。他们穿的是适合走一整天的鞋子吗？鞋子是否反映了主人的收入水平？你还可以选择关注鞋子是否干净。这一点是否能反映这个人的整体外观？

每当你选择以一种特定的方式来引导注意力时，总会伴随着一些问题和猜测。你可能会试图进行概括，同时发现某些例外。

把注意力引向何方，去关注什么事物，这些都取决于你自己。但如果你在尝试这个游戏，你就应该能够清楚地说出自己要注意的是什么。通过选择要注意的事物，你能从周围的世界中获取那些原本不会呈现在你面前的信息。

≫ 打发时间和分散注意力

很多时候，我们把信息看作是一种打发时间或分散注意力的方式。我们可能会在吃早餐时读报纸，只是因为刚好独自吃早餐，或是因为不想和任何人说话。

我们可能会因为无所事事而在排队看牙医的时候看报纸，在飞机上看杂志。而我们看电视可能只是因为什么都不想做，所以需要打发时间。

≫ 认知

即使只是为了打发时间或分散注意力才关注信息，我们也可以把这种做法作为"认知"周围世界的一种练习。你看电视新闻或读报纸是想了解正在发生的事情，以便在涉及相关话题的交谈中说得上话。

如果你要去旅行，这种认知可能会使你知道在出发那天机场将要罢工。这是我的亲身经历。这种认知也可能会让你知道你要去的国家正在经历政治动荡。

对周围世界正在发生的事情的总体认知是生活的一部分。你需要这种认知。不幸的是，为了在海量信息中找到对你有意义的那一小部分，你可能不得不花费大量时间。也许应该有一个电视节目或是报纸，能够概括出"这些是你本周真正需要知道的事"。

所以我们每周花数小时浏览大量信息，只是为了以防万一其中有我们需要知道的有价值的内容。

≫ 兴趣

在你阅读的内容中有一些和兴趣有关。你可能对一群人为了让一个胖子能从床上起来，不得不破门而入的故事感兴趣，也可能对一名女子因实际年龄 65 岁的丈夫谎报自己 95 岁而闹离婚的故事感兴趣。

你被故事的开头勾起了兴趣，想知道最终结果，这是发自内心的兴趣所在，也是故事情节带来的趣味。

≫ 大众兴趣

有些事情是大家都关心的，与你的个人喜好没有直接关系。你可能会对一份声称"全世界有四分之一女性都曾经历丈夫家暴"的报告感兴趣,你是其中之一吗?你也可能对某国每年有 85 000 名女性被丈夫或伴侣杀害的信息感兴趣,当然你大概率会质疑其真实性。你还可能对澳大利亚的一种青蛙①感兴趣,它们会把受精卵吃下去,幼体在胃里发育,成熟后会从母体的嘴里跳出来。

>>> 特殊兴趣

如果在金融界工作,你会对股市报告感兴趣,你会对专家官员关于现在和未来经济局势的发言感兴趣。

如果你非常关注个人健康,你会对一些碎片信息感兴趣。有研究声称摄入太多咖啡会增加患关节炎的

---

① 科学家称其为"澳大利亚青蛙",也叫作"胃蛙",已于20世纪 80 年代灭绝。——编者注

概率。另一些研究则或许表明喝茶可以使患阿尔茨海默病的概率降低 45%。在不了解完整背景的情况下，你可以选择不相信这些报告。

如果你对汽车感兴趣，你会注意到关于定价 2000 美元的塔塔（Tata）汽车的新闻。你也可能会对使用氢能源的新型混合动力汽车感兴趣。

⫸ 浏览和扫读

上文中很多信息的使用都可以归纳为"浏览和扫读"。实际看了多少，要看多少是个人喜好的问题。关键是即使你真的只是在打发时间或分散注意力，这些活动也在发生。

⫸ 需要和搜索

当你需要一些特定的信息时，你就会开始搜索。

你需要回答一个特定的问题，所以就去寻找答案。

当我们考虑信息的用途和价值时，考虑"需要和搜索"是第一位的。

一个人在街上拦住你，问去火车站怎么走，他需要的信息非常明确；一个人查字典想找"漫不经心"这几个字怎么写，他需要的信息非常明确；一个人去图书馆翻阅关于斯里兰卡的书，他需要的信息非常明确；一个人看报纸上的楼市专栏来了解他的房子现在值多少钱，他需要的信息也非常明确。

像谷歌这样的搜索引擎是非常棒的工具，让人们可以直接找到自己需要的特定信息。我曾经在一次重要的大学会议上说过，今天的大学已经过时了。设立大学的目的是将过去沉淀下来的智慧和知识传授给如今的学生。而在数字化时代，所有需要的信息都可以直接获得。也许大学应该转而教授技能：信息技能、思维技能、人际交往技能、管理技能等。

≫ 是什么

你需要的是什么信息？

你在找什么？

你提出的问题越精确，你就越有可能找到答案，找的过程也越轻松。

有些需求是很明确的。我想知道雌蜘蛛是否真的会把伴侣裹在茧里，然后在饿的时候吃掉它。这是真的吗？

有些需求则更宽泛一些。我买了一所带花园的房子，想种些玫瑰。我在哪里可以找到有关种植玫瑰的资料？玫瑰好种吗？贵吗？需要丰富的园艺经验吗？

我偶尔会收到电子邮件，对方希望我尽己所能告诉他关于创造力的一切信息。由于我已经写了好几本关于创造力的书，这可以说是一个相当大而宽泛的需求了。

一些例子:

"我想知道如何能找到关于以下主题的信息。"

"我想了解这一领域的整体情况。"

"我想找到这个特定问题的具体答案。"

≫ 确认

当你已经持有某个观点时,就需要得到确认。你并不是要验证这个观点,因为不涉及是与非的问题。你真正想找的是支持这个观点的信息。这并不好找,因为不同的信息会支持各种观点。你可能需要对这一领域进行整体的检索,然后挑选出能支持你的观点的信息。

宽泛的问题总是留有余地的。

一些例子:

"我听说……是真的吗？"

"有人告诉我……是这样吗？"

"我隐约记得读到过……是这样吗？"

"我认为……是这样吗？"

"据说红头发的人比其他人更能忍受疼痛，这是真的吗？"

"我在哪里可以找到验证这个观点的信息？"

在提问的时候，问得越是具体，就越有可能找到答案。

一些例子：

"土库曼斯坦现在经济形势如何？"

"老年男性中最常见的残疾有哪些？"

如果一个具体的问题是用宽泛的方式提出的，那么就需要投入更多精力来处理。如果提问者想要了解老年男性的某种特定的残疾，他就应该具体地问与这种残疾相关的问题，而不是希望通过宽泛地询问与残疾相关的问题得到答案。

>>> 非常具体的问题

我想知道某一从伦敦出发，早晨抵达迪拜的航班的起飞时间。这个问题可以提得更宽泛一些——我需要知道从伦敦到迪拜的所有航班的起飞时间——然后根据自己的具体需求做出选择。

为了辅助诊断，医生需要向病人提出具体的问题。通常会先问一些开放性问题，然后开始问具体的问题。例如："你饭后多久会开始感到疼痛？"

具体的问题一般会得到具体的回答："进食后大约半小时就开始痛。"

一些具体的问题也可能要用"是"或"不是"来

回答："有过咯血吗？"

"射击式问题"是那种有明确答案的问题。提问时你知道自己想要什么，就像射击时瞄准了靶心。

"钓鱼式问题"则不同。当你把一个带饵的鱼钩扔进水里，你不知道哪条鱼或哪种鱼会上钩。这和射击完全不同。举例而言，"你不喜欢什么食物？"与"你讨厌辣的食物吗？"是完全不同的。

在射击式问题中，你要找的是具体信息。在钓鱼式问题中，你对可能获得的信息只有一个非常笼统的概念。

≫ 在哪里找信息

你可以问别人。

你可以问特定的人，比如旅行社员工、航空公司员工、医生或汽车销售员。

你可以直接问别人要信息，或者也可以问别人在哪里能找到你需要的信息。

你可以上网搜索。使用搜索引擎，或者直接访问需求相关领域的信息。

你可以去图书馆，并向工作人员寻求建议。

你可以去书店买一本与该主题相关的书。

你也可以订阅一本相关领域的杂志——如果能找到的话。也许会有关于玫瑰种植的杂志，但可能没有关于蜘蛛的。

我并不打算在这里列出所有可能的信息来源。

≫ 三角形框

三角形框是为了让你自己或其他人都能清楚地看到你阅读信息的目的。

一个例子：

"用三角形框来看，我们的目的是什么？"

如果你想给三角形的 3 个顶点分别赋予意义（其实没有必要），这 3 个顶点可以是这样的：

顶点 1：是什么。我们搜索或浏览信息的目的是什么？

顶点 2：为什么。我们为什么需要这些信息？为什么这些信息有价值？为什么这些信息会对我们有影响？

顶点 3：在哪里。我们应该去哪里找这些信息？找对地方了吗？

一些例子：

"我想在这里使用三角形框。我们需要有关单亲家庭数量的具体信息。"

"现在来使用三角形框。我们知道这个镇上有多少空置的房屋吗？"

>>> 提供信息

这是另一种获取信息的目的。你手上有一些信息，希望让别人知道。这时你可以使用三角形框来表明意图。

一些例子：

"现在我想利用三角形框向你们展示近期一项关于吸烟习惯的调查结果。"

"我不确定这个信息的有效程度，但我想用三角形框把不同车身颜色汽车对应的事故数量展示在你面前。"

>>> 小结

三角形框的目的是强调，清晰列出对信息的需求以及计划如何获得信息有多么重要。大多数人对此只是在脑海中有一个模糊和笼统的想法。

把这种想法变得明确、清晰，并展示在自己和他人的面前，可以使我们更有效地利用信息。我们从来不缺少信息。我们需要弄清楚的是想从这些信息中得到什么。

第二个思考框

圆形框：准确

EDWARD
DE
BONO

运用圆形框时，我们关注信息的准确性。圆形代表着一个靶子的正中，也就是靶心。准确性取决于你能否击中靶心或离目标有多远。

如果你需要依赖信息采取行动或提出观点和建议，信息的准确性就至关重要。

令人警醒的事实表明，2008 年，英国有 56% 的年轻人不相信报纸上的信息。通常上了年纪经常看报的人会觉得报纸信息不准确或不真实，这很正常，但年轻人也这么想就非常令人惊讶了。

≫ 权威

权威往往是我们判断准确性的主要方式之一。如果消息来源是权威、可信的，我们就会相信读到或听到的内容。举例而言，大学里的教授和讲师、医院里的医生、可靠的网站都是如此。

你相信的是消息来源本身的真实可靠。

广播电台的新闻内容总是相当准确的，因为一旦失去信誉，后果不堪设想。电台主播偶尔可能会有一些轻微的个人偏见，但只是例外罢了。

报纸的新闻内容可能也很准确，一部分原因是这些内容都来自新闻机构，没有虚构的必要。

然而这种对新闻版块的尊重和信任不应该延伸到报纸的其他版块，因为其他版块的内容可能严重失实。你需要亲身经历之后，才能做出这样的论断。即使是受人尊敬的报纸，也会发表带有偏见的内容。我记得一篇文章，在我看来并没有公正地评价我和我的工作成果，明显以偏概全，绝口不提在学校中取得的一些积极研究成果。同时这篇文章中使用了大量针对个人的形容，在我看来对文章本身毫无帮助。我评价一份报纸时会以最差的报道而非最好的报道为依据，编辑们非常需要意识到这一点。（有趣的是，这篇文章的作者后来被评选为"年度青年记者"。我很好奇评委们是否看过他写的关于我的那篇报道……）

在大多数情况下，我们可以信任权威的信息来源，因为我们需要信息，但只靠自己又无法验证。我们可能会抱有怀疑，但并没有什么办法可以查证。

≫ 检查信息

有时我们获得的信息可能内部自相矛盾，这就会引发我们对信息整体准确性的怀疑。

更常见的情况是，某个读者碰巧知道某些观点或事实是错误的。这就破坏了整篇报道的准确性，也永久地破坏了这个消息来源的可信度。如果发现的只是一个小错误，你可能觉得这有点小题大做。但作为信息的提供者，如果你想让人觉得自己是准确的，你确实需要非常小心地维护自己的形象。一旦出现明显的错误，哪怕只是轻微的错误，你的名声就将付之一炬。

有时我们或许无法立刻判断一个观点或事实是错误的，但可以通过某些方法验证。如果最后它被证明是假的，由于经历了验证这个麻烦的额外过程，我们对信息来源会更加失去尊重与信任。

>>> 比较信息

有时可以比较两份针对同一事件或场景的不同报告。如果存在差异，那么它们就不可能都是准确的。可能需要看更多的报告，以确定两份中哪一份更准确。当然，它们也可能都不够准确。

比较不同来源的信息是验证信息准确性的常用方法。可惜的是，大多数情况下没有可供比较的备选内容。

≫ 信息的准确性

如果你不得不采取行动或做出决策，你就必须在能获得的信息中利用最好的那些。通常我们不太可能一直拖延行动或决策，直到对信息的准确性完全满意。

所以我们经常要对信息是否足够准确进行评估。我们从整体角度评估信息是否准确，即使信息中可能有些小错误。这种评估并不容易，但不得不做。

≫ 怀疑

怀疑多种多样。信息本身可能会表现出怀疑倾向。使用这类信息时，需要尤为谨慎，尽量先想办法对其进行验证。

信息的使用者可能会对信息有所怀疑，并在会议或其他场合向自己或他人表达这些怀疑。怀疑本身并不会破坏信息的有效性，只是建议在使用信息时多加小心。

可以尝试去检验信息的准确性，直接验证比较难，但可以与其他信息来源进行对比。

最重要的是，在使用信息时，对有所怀疑的部分需要清楚地强调出来。

≫ 圆形框

从现实角度而言，用"圆形框"这个名称可能比"环形框"要更直观些，因为"环形"可能还有其他含义。通常这两种说法都是可以的。

圆形框的目的是直接关注信息的准确性。如果我们要使用这些信息并采取行动，准确性就是第一位的。

不准确的信息，轻则产生误导，重则非常危险。

一些例子：

"我想用圆形框来看待这项关于运动与健康之间

关系的统计报告。"

"用圆形框思考那个观点，好吗？"

"我们需要用圆形框考虑这个暗示，因为它可能会对晋升产生很大影响。"

"我们的策略将基于男女口味的差异。我们必须用圆形框来检验这项关于口味偏好差异的研究。你可以来负责吗？"

圆形框可以用来指出某些信息的重要性，并突出有必要验证它们的准确性。

圆形框可以用来指出被怀疑的领域，并让其他人知道这种怀疑。

圆形框可以用来进行关于某个领域的调查，以收集准确的信息。

圆形框可以用来判断信息来源的可信度。

≫ 小结

圆形框的目的是让我们将注意力集中在所关注的信息的准确性上。这些信息的价值直接取决于我们对其准确性的评估结果。

我们常常想当然地认为信息是准确的。这是因为我们相信如报纸之类的信息来源，也是因为任何时候要验证信息的准确性都是很困难的。为了能采取实际行动，我们过于主动地接受了所需要信息的准确性。

圆形框帮助我们自己和他人直接看到信息最根本的准确性。

第三个思考框

正方形框：视角

EDWARD

DE

BONO

正方形的 4 条边的长度相等。需要从 4 个角度去考虑的事情可能不多，但如果有的话，各个角度应该被平等对待。正方形也暗示着从任何一边都可以接近问题的核心。

代表准确的圆形框和代表视角的正方形框之间是有重叠的。如果某件事以一种有偏见的方式呈现出来，那就是不准确的。如果只给出事情的某一方面，那也是不准确的。同样的，一份报告准确表达的也许只是事情的某一方面。

由于各种实际原因，有必要通过某个框架表明信息的视角。无论我们认为自己多么中立，通过框架让我们有意识地关注正在使用的视角都是有用的。

>>> 说服

很多信息本来就不是客观中立的。这些信息被刻意设计为片面的、有偏见的和有说服力的。

汽车广告不会准确列出所有同类汽车，而是试图宣传广告中自己品牌的优点。所有的广告都是为了说服观众，保持中立就起不到广告的作用了。

法庭上的律师在对抗的机制下会故意持有带偏见的观点。这就是对抗机制的本质，不同于探索性的机制。

选举前后的政治演讲都被设计成具有说服力的形式。关于对手的政治攻击本来就不是公正的评估。政治演讲中只会提到对手的各种丑闻和缺点，对他的成就只字不提。

具有说服力的材料天然就不是客观中立的，所以通常也不会要求它客观中立。但无论多么片面，所有观点和信息本身都必须是准确的。

≫ 平衡之难

写一份不偏不倚的报告是很困难的，因为西方教育体系试图让学生在论文和辩论中采取一种片面的视角。学生被要求提出一个观点并得出一个结论。要做到这一点，就必须有选择地将事实进行组合，从而自圆其说。

讲故事对媒体而言是很重要的。人们通常认为只有故事是有意思的，准确的事实并不吸引人。这种看法可能是真的。讲故事需要单一的视角而非多种观点。

在讲故事的时候，你可以仔细研究实际情况，然后把事实碎片拼凑起来，形成一个似乎源自事情本身的故事。

更常见的则是在了解实情前，就已经在脑海中构建出了一个故事。报刊作者们拿着自己想写的故事去套实际发生的事，从中选出能自圆其说的部分加以使用。这也是我的亲身经历。如果有一些事实与故事不符,甚至会削弱故事的情节,直接忽略不写就可以了。毕竟读者无从知晓哪些内容被刻意忽略了。

如果读者看完文章能得到某个结论或记住这个故事,那么通常就认为作者成功了。要让读者读完后记住平衡的观点是不自然、很难也很无聊的。在动物世界里,你要么是别人的食物,要么把别人当作食物——没有介于两者之间的其他情况。

>>> 形容词

在新闻报道中一定要注意形容词的使用。形容词几乎从不客观。它们反映了作者的个人观点和态度。

像"自私""自负""轻蔑""卑鄙""狡猾""贪婪""自吹自擂"等形容词都是经过修饰的观点,可能并没有什么依据。事实可以自证其明,形容词则不能。文章的作者把形容词当作事实来使用,实际上可能仅仅是出于他自己的嫉妒情绪。所以如果读到这类文章,计算一下"形容词浓度"，然后你就知道这个信息来源的可信度了。

≫ 视角

警察和社会工作者可能认为酗酒是个问题，会导致车祸、暴力行为、抢劫等。酒吧老板和酒类制造商则认为喝酒本身是件好事，酗酒只是不小心喝得过头了。毕竟大家喝得越多，他们赚得也就越多。我们可以在反对过度和滥用的同时并不反对事情的本质，就像我们不会因为交通事故会致人死亡就一刀切，禁止开车。

许多人反对离婚。但处于一段艰难婚姻关系中的人则很希望离婚。

信息通过某种视角进行表达，可能是因为作者只具有这一种视角。这本身不是为了说服或做广告，但效果是一样的。当然，单一的视角也可能是完全负面的，这与广告有所不同——或者说可能是一种负面广告。

正方形框的一部分目的是"理解信息可能只是基于单个视角产生的"，另一部分目的则是"确定具体是哪种视角"。

基于某一特定视角的信息不一定就是不准确的（当然它本身是片面、不完整的）或不可用的。一旦确定了信息的性质，那么信息就可以发挥其用途。

≫ 平衡的力量

一篇不偏不倚的文章是非常罕见而有力的，因为读者会觉得自己被放在观察者的位置上，而不是接受说教。

感知的工作模式是尽快得出结论，然后再补充细节。这种快速下结论的方式为进一步研究问题提供了框架。要是没有这种模式，动物们就会很难生存。当看到捕食者靠近时，被捕食者必须第一时间得出结论，没有时间去详细评估捕食者饿不饿，瘸不瘸，捕食者不会给被捕食者机会这么做。

同样，思维的工作模式也是倾向于尽快得到一个感性结论（好人还是坏人），然后基于这个结论再填补细节。

你能想象报纸上的一篇文章是这样开头的："这篇文章是杰玛·索克斯（Gemma Soackes）写的，她不喜欢某公司对待女性的方式……"

≫ 同一视角，不同观点

同一视角下的不同观点是正方形框极其重要的价值。到目前为止，我们已经考虑了不同的视角、偏见、中立等。接下来我们将讨论从同一视角出发产生的不同观点。

读者（或听众）会选择以不同方式来处理可用信

息。他们试图从同一视角看到不同的结果。

越来越多的公司只是简单地收集信息并将其全部存入计算机中，然后由计算机对信息进行分析，为公司做出决策并制定战略。这种日益增长的习惯是极其危险的。

用不同的方式看待这些信息是很重要的。计算机做不到这一点，所以公司仍然被困在旧的概念中。只有人类可以选择以不同的方式看待信息。

有人曾经对我说，既然哈佛大学走出了这么多优秀的人才，那么其教学水平一定很高。而我认为如果很多有才华的人进入了一扇门，门里又走出了大量才华横溢的人，这个门本身的贡献其实很小。

人们总是认为沙漠里的仙人掌上的刺是为了防止动物吃仙人掌，但事实可能并非如此。这些小刺还能减少蒸腾作用等造成的水分损失。

随着大家日渐习惯于把所有信息都录入计算机，

以各种不同的"水平思考"方式使用数据将变得越来越重要。

≫ 正方形框

正方形框要求我们关注信息中的偏见或中立程度。信息是客观的还是主观的？我们可能对此无能为力，但注意到偏见会影响我们使用信息的方式。

我们也可以选择不使用某些始终很片面的信息来源。

正方形框还表明，我们自己可以选择以不同的方式看待信息（就像从正方形的另一边那样）。

一些例子：

"有数据，也有结论。如果使用正方形框，你可以从不同的角度看待它，得出不同的结论。"

"这是解读数据的唯一方式吗？"

"这份报告看起来不偏不倚。使用正方形框看看你能否发现其中的偏见。"

"正方形框告诉我这些信息非常片面。很现实的问题是我们能不能利用它。"

"在妄下结论之前，让我们用正方形框审视一下这份报告。"

"正方形框告诉我这很片面，但我看不出有什么其他视角可以解读。"

≫ 小结

当我们习惯于把信息存入计算机中，并接受计算机的分析结果时，以不同的视角解读信息将变得越来越重要。

考虑到中立性非常罕见，评估信息的中立程度似乎是浪费时间。

与此同时，阐明任何偏见的本质和程度是很重要且有用的。不加澄清地使用带有偏见的信息既困难也很危险。

如果使用正方形框思考成为读者的固定习惯，那么也许报纸编辑会更努力地提供不偏不倚的观点——尽管这可能很难。否则读者可能会转而选择能提供更加不偏不倚的观点的其他出版物。

第四个思考框

心形框：兴趣

EDWARD
DE
BONO

心的关键是对自己和他人都充满兴趣，因此心形框代表了"兴趣"。用"心形框"这个词语就可以了，不需要多此一举地说"心脏形框架"。

某种意义上兴趣是无用的——但它也是信息最吸引人的地方。"兴趣"与"需要"并非对立的概念，但二者大相径庭。

兴趣与吸引力和感染力有关，出于兴趣选择的事物进入了记忆，可能以后会很有用——但你选择的时候并不是因为它有用。

≫ 大众兴趣

看到尼日利亚人口数量是 2.16 亿时你可能会感兴

趣，因为之前你以为其人口数量只有 4000 万，所以你对此感到惊讶，这就是兴趣的一种形式。这个知识点也会成为你的常识的一部分。

惊讶是兴趣的一大源头。发现与你现有知识相反的事总是既有趣又有用的。发现一些你根本不知道的事也很有趣。

读到爱尔兰人爱好编织是很有趣的。了解到上任总统是女性也很有意思。

了解到社交网站在互联网上的成功既令人惊讶又很有趣。任何具有力量的现象通常都是有趣的。

≫ 另一种兴趣源头

还有另一种兴趣的源头。你对某个主题有所了解，而读到的内容增加了你的知识。你可能对鲨鱼有所了解，然后读到鲨鱼的择偶习惯，这扩充了你现有的知识，所以你感到很有趣。这些新知识可能毫无实用价值——现在没有，以后也没有。

对有些人来说，名人总是兴趣的源头。他们很像古希腊的神话人物。人们总是被这些神话人物的逸事和爱情故事吸引。因此，一旦某个名人被当作了兴趣点，即使是最短小的相关新闻也会引起人们的兴趣。谁和谁在约会？他们刚出生的宝宝叫什么名字？谁和谁分手了？她真的喝了很多威士忌吗？

已有知识中的矛盾点也是兴趣的来源，但这和上文所述的"惊讶"属于同一种源头。

≫ 研究

各种研究结果常常因其权威性而令人感兴趣。研究结果表明，快乐的人通常较胖，而忧虑的人较瘦，胖的人和瘦的人都会对此感兴趣——其他所有人同样如此。

一项研究声称世界上最幸福的人生活在马耳他

岛，这很有趣，尽管你会好奇研究人员是如何得到这个结果的。

研究结果表明喝红酒能让人活得更久，这也很有趣，因为大多数人都想活得更久。

相比之下，与人类直接相关的研究会比关于老鼠生命历史的研究更有趣。

如今美国年轻人上网的时间比看电视的更长，这个信息很有意思。而对大多数人来说，了解到"许多报纸的发行量下降是因为读者转而关注电视新闻""广告投放流向互联网"可能就没那么有趣了。

≫ 特殊兴趣

你正在计划去马尔代夫度假，所以关于马尔代夫的任何事情都会让你很感兴趣。

你的爱好是饲养信鸽，所以任何与这个主题有关的信息都会让你觉得特别有趣。

你是一个足球迷，所以任何关于你喜欢的球队（甚至只要是关于足球）的新闻、八卦及其他信息都会让你非常感兴趣。

你从事建筑行业，所以任何有关建筑新技术或新法规的信息对你而言都有非常直接的吸引力。

在这种情况下，兴趣和需要是一致的。

你对计算机和信息技术感兴趣，虽然你没有达到专业的程度，但你仍然会对这一领域的新发展和新趋势感兴趣。

你需要买辆新车，那么现在关于各种车的信息都能引发你的兴趣。一旦你买了车，这些信息对你就不再有意义了。事实上，你可能还会刻意逃避这些信息，以免发现你做了错误的选择。

你要写一篇学校里的作文，是关于交通信号灯的。突然之间，你家附近交通信号灯的位置和有效性引起了你的兴趣。

"大众兴趣"与相关性无关，而"特殊兴趣"完全取决于相关性。

>>> 记笔记

记笔记是一个乏味的建议，没多少人愿意这么做。这个建议是当你阅读一篇文章或大量信息时，你应该花些时间尽可能简短地记下自己在其中发现的有趣之处。动笔写下来比仅仅停下来在脑子里过一遍要更有价值。

有价值的并不是记笔记。提前知道需要记录一些东西会让你在阅读时更加仔细，也更容易注意到文章中你可能感兴趣的内容。

>>> 挖掘

挖钻石矿是为了找钻石，挖金矿是为了找金子。

同样地，你可以"挖掘"信息来找兴趣价值。这个过程与代表"目的"的三角形框中提到的类似。你可以走在街上，等待事物吸引你的注意力，或者刻意把你的注意力转移到某个事物上。

同样地，我们可以挖掘信息来找到兴趣。我们可以等待有趣的事物吸引自己的注意力，或是主动引导自己的注意力。例如我们可以把注意力放在所阅读的内容对经济的影响上。

试试这个练习：找一篇非常枯燥的文章，为自己设定任务，要从中挖掘出兴趣。刚开始会很难，但经过练习就会逐渐变得容易了。

≫ 心形框

一些例子：

"通过使用心形框，我发现年轻人对信仰越来越感兴趣这件事本身就很有趣。"

"我知道这份报告看起来很枯燥,但我希望你们能使用心形框,然后告诉我你们发现的有趣的东西。"

"使用心形框很好,但我们仍然需要实用的信息来设计产品。"

"请使用心形框再通读一遍,我不希望错过任何东西。"

"他不太擅长用心形框。除摆在面前的事物外他注意不到其他东西。"

"请大家使用心形框。"

人们不需要被鼓励去注意那些非常有趣和重要的事情。心形框的目的是鼓励人们在没有明显感兴趣的事情时应该更努力地挖掘兴趣点。你可以称之为"体会言外之意"——这个短语的含义完全相同,但多少有些刻意造作。

≫ 小结

当我们为了满足特定需求而使用信息时，需求本身让我们有足够的动力去寻找信息。但信息除满足需求外还有很多价值，心形框希望我们将注意力引导到感兴趣的事情上。

有些事大家都感兴趣，也有些事因为和我们在做或要做的事相关，我们才感兴趣。

"兴趣"似乎是无形的，但它非常重要。随着时间的推移，对兴趣的敏感度也会提升，这会帮助你积累起大量的背景信息，它们在许多情况下都能发挥作用。

第五个思考框

钻石框：价值

EDWARD
DE
BONO

钻石是价值的象征。因此钻石框代表着关于价值的思考：“信息的价值是什么？”

需求、价值和兴趣之间显然会有重叠，但也需要将它们分开。

能用于回答问题或满足需求的信息显然是有价值的。

让人感兴趣的东西也是有价值的。对于特殊兴趣而言更是如此。

通常在使用其他思考框之后再使用钻石框，思考这些信息的价值是什么。

≫ 满足需求

你想找一些特定的信息，比如上一班飞往澳大利亚的航班的起飞时间。你从可靠的来源得到了确切信息。你的需求得到了满足，你很满意。

你想了解关节炎的最新治疗方法。你去问了医生，得到了相关信息。你不太确定医生提供的信息是不是最新的，于是在网上搜了一下，发现医生说的是对的。

你想找个伴侣，于是在相亲网站上找了一个。

问问你自己：这些信息满足我的需求了吗?

有些需求是开放性的。如果你需要有关玻利维亚经济的信息，你可能会在《经济学人》(*The Economist*)杂志上找到非常有用的内容，但除此之外可能还有更多信息。对你有价值的信息是无穷无尽的，所以实际一点很有必要。

≫ 回答问题

明确的问题比需求更加具体。你仔细地提出了问题，然后评估你已经得到的信息是否确实能回答这个问题。

这个过程可以分为两步。第一步，你要思考在哪里可以找到回答这个问题的信息。第二步，顺着这个信息来源去找答案。

你可能还会有些疑惑。你也许会觉得问题没有得到充分的回答，也许会怀疑答案的可信度。这时候就该价值评估发挥作用了。

≫ 兴趣的价值

让人感兴趣的东西总是有价值的，即使它不能满足当下的需要。兴趣可以令人愉快——这本身就是一种价值。兴趣可以增加你的知识储备——这些知识在未来某个时刻可能会体现出价值。

与你现在或将来要做的某些事相关的"特殊兴趣"则有更明显的价值。例如关于你将要去的国家的信息就很有价值。

≫ 确认的价值

能支持和确认你某个观点的信息是极有价值的，即使你并没有因它而增加知识储备。它的价值在于增强你对这一观点的信心，并在你试图说服别人相信这一观点时作为论据而被使用。

≫ 分歧的价值

当找到的信息与你的观点产生了分歧，它还有价值吗？有的，在这种情况下，它的价值在于你发现存在另一种观点。验证这个观点的优缺点也具有价值。

这可能会让你坚持自己的观点并质疑其他观点。

　　也有可能你会被说服，于是摒弃自己的观点转而接受新观点。这是很现实的价值。赢得一场辩论，或许你不会学到太多，但如果是输了一场辩论，你一定会收获颇丰。

≫ 机会

　　信息中可能暗藏新的机会，也可能直接为工作或个人生活带来新机遇。这种机会可能只是初露端倪，还需要我们进一步挖掘细节，但至少提供了推进的方向。

　　信息可能让你意识到自己拥有的东西比你认为的更有价值。当我还是学生的时候，我曾以 5 英镑[①] 的价格卖掉一辆汽车。几年后，同年（1935 年）出厂的

―――――――――

① 原文即如此。——编者注

同款汽车售价是 25 万英镑（尽管那辆车的状况可能比我的好）。

信息可能会让你知道加勒比邮轮旅行正在低价促销。

你一直在寻找的与某个机会相关的信息，也可能在你阅读或聆听时，不经意间就被你找到了。

≫ 对周围世界的认识

对周围世界的认识是很实用的价值。知道近期没有公交大罢工是有价值的；知道汇率没有变化是有价值的。如果变化会对你造成影响，那么表明没有变化的信息总是有价值的。

看电视新闻是有价值的，尽管大部分新闻都是关于世界各个地区的问题的。

除了"保护性认识"和"机会性认识"的价值，还有更进一步的价值。如果你对正在发生的事情有所了解，你就可以参与到更多对话中，甚至主动发起专业性的对话。

认知确实具有价值，即使我们当时可能没有发现。难点在于如何确定边界，每增加一点认知都具有其潜在价值，你可以阅读十几份报纸或看几小时电视，真正重要的事情一定会被广泛报道，因此，只要花很短的时间来"认识到"就足够了——比如每天看一次新闻。

≫ 丰富知识储备

每个人都对很多领域有所涉猎。无论我们是否意识到这一点，信息都丰富了我们已有的知识。这是信息的价值，但丰富知识储备的可能性并没有强到足以鼓励我们阅读所有信息。我们同样需要实际一点。

≫ 记笔记

与"兴趣"一样，在阅读或获取信息之后，你可以记录下"这些信息的价值是什么"。这并不要求你同时写下关于兴趣和价值的笔记，只要问自己几个问题就足够了：

"这些信息的价值是什么？"

"这些信息满足我的需求或回答我的问题了吗？"

"这些信息提供了什么额外价值？"

"我丰富了哪方面的知识储备？"

≫ 六枚价值牌

在我的著作《六枚价值牌》中，我讨论了六种不同类型的价值牌。这是为了使每一种价值更容易被识别。这六枚价值牌如下：

金牌：关于人的价值，有正向的（例如欣赏）和负向的（例如羞辱）价值。

银牌：适用于企业、家庭、团体等组织的价值，包括利润、市场份额、品牌形象等。它同样有正向和负向的价值。

钢牌：直接的质量价值（有正向的和负向的）。这种价值如何影响质量？

玻璃牌：关于创新和创造性的价值。创新点在哪里？

木牌：广义上的生态价值。不仅是大自然，还包括周围的世界。

铜牌：感知价值。如何理解这件事？

你可以在价值评估的过程中运用以上的某些价

值牌。

钻石框

一些例子：

"现在开始使用钻石框。这个新信息的直接价值是什么？"

"我想用钻石框总结一下。我认为这条信息的价值在于……"

"我不认为这是真正的价值。你可能需要擦亮你的钻石框再看看。"

"接下来我们来讨论价值，可能存在许多不同的价值。请使用钻石框。"

"这件事情的价值显而易见，但我觉得用钻石框进一步观察可以找到比表面上更多的信息。"

价值的重要性可能是主观的，但价值的存在是客观的。使用钻石框时，应该找出所有可能的价值——即使有些对你来说不太重要。

≫ 小结

钻石框是一种总结和概括："这些信息的价值是什么？"价值有各种类型和不同的水平。钻石框就是通过直接关注价值，来澄清这些价值。即使有些价值通过之前的其他框架已经被找到，使用钻石框也可以再次观察这些价值。

第六个思考框

平板框：结果

EDWARD
DE
BONO

最后我们要在平板上放什么？结果是什么？结论是什么？平板代表着可以进行陈列和展示的平台。

"我们都同意这个结论吗？"

"我个人的结论是什么？"

可能是浪费时间看了不可靠的、几乎没有价值的信息；可能是需求已经完全得到了满足；可能是获得了很多非常有用的额外信息。

通过平板框我们将得出结论。

关于信息的需求被满足了吗？是如何被满足的？还需要更多信息吗？你对信息的准确性是否满意？是否出现了其他问题？

信息的总体价值是什么？与我们需求直接相关的

价值是什么？附加价值是什么？是否引出了新的调查方向？从信息中获得的价值产生了什么影响？这种价值如何影响我们的行动、策略、计划、解决方案等？

信息中有哪些你感兴趣的内容？为什么你会觉得感兴趣？针对这些内容还要做什么吗？

这些问题需要得到明确的回答。六个思考框的核心目的是让事情变得清晰。这意味着你要能够一次把注意力集中在一件事情上，再做下一件事情，而不是混在一起多线并进。

≫ 下一步

下一步该怎么做？还需要更多信息吗？根据目前掌握的信息，是否需要采取行动？

如果信息改变了我们的想法，我们该怎么做？这种变化会对我们的思维和战略产生怎样的影响？是否需要让其他人知道这种变化？

≫ 查阅与确认信息

查阅浏览信息是很有用的，但它并不会改变我们的思维方式。那这是不是在浪费时间？确认的过程具有很高的价值，如果这些信息证实了我们的想法是正确的，那么这种确认不仅重要而且有用。

≫ 信息报告

你可以为自己和他人写一份信息报告，然后比较不同的人写的报告，在这些报告中逐一使用六个思考框，并对每个思考框进行评论。

显然我们不会对每一条信息都写这样的报告，但对于很有价值、很重要的信息可以尝试这样做。

接收信息对思考非常重要，必须认真对待。

每个人都知道信息的重要性，但我们在如何使用信息以及了解信息的影响方面做得很有限。

≫ 计算机

我们已经习惯了把所有的信息录入计算机，然后让计算机进行分析。这其中蕴藏的危险日益加重。

计算机不能轻易掌握六个思考框的内涵。计算机无法评估准确性、趣味性、中立性或价值。所有这些评估都需要人的参与。

因此，我们越是依赖计算机获取信息，就越需要使用六个思考框。

≫ 平板框

一些例子：

"你想在平板上放什么？"

"使用平板框，我们的最终结论是什么？"

"这个消息有用吗？最终结果如何？"

"现在使用平板框，然后我们就可以比较结论了。"

"我们在这方面投入了大量精力和资金。通过平板框看到了什么结果？"

"我觉得我用平板框得出的结论与你的很不一样。我们来讨论一下分歧。"

≫ 小结

平板框是为结果和结论设计的。它需要在深思熟虑后，将结论放在平板上呈现给自己和他人。仅仅假设每个人面对同样的信息都会得出同样的结论是不够的。有必要清晰仔细地阐明结论。要做到这一点就必须思考，这才是最重要的。

总结

看待信息的方式

六个思考框

EDWARD
DE
BONO

　　离开信息我们无法生活。有些信息是我们真正需要的，有些信息可以对我们产生影响。

　　你可能已经决定好了去哪里度假，然后就会寻找需要的具体信息。也可能你看到一个旅游广告，它介绍的目的地你之前从未想到过要去，但现在开始考虑去了。

　　我们被信息包围。不同信息的价值、准确性和趣味性可能有很大的不同。

　　本书中列出的六个思考框及对应的六个典型图形符号，让我们更慎重地选择看待信息的方式。我们可以有意识地关注信息的不同方面，这能使我们从信息中获得更多价值。

个人在处理信息时可以使用这些思考框，多人沟通或小组讨论时也可以使用这些思考框。它们提供了一种捷径，用于引导注意力或表明注意力会被引导到信息的某个特定方面。

后记

事实保护剂

EDWARD
DE
BONO

　　我们都知道牙膏的作用，它可以保持牙齿洁白有光泽，此外还可以为牙龈提供保护。

　　那么"事实保护剂"是什么呢？

　　很少有人会故意撒谎或说一些他们明知道不真实的事情。

　　大多数人认为自己所说的并不是假话。他们可能觉得完全是真的，或者足够真实了，又或者至少可以被证实。

　　这种让事物在自己和他人看来好像真的一样的方式就是"事实保护剂"。

　　对女性而言，有3件事情能提升血液中一种叫苯

乙胺 ① 的化学物质的浓度：吃巧克力、购物和恋爱。

而对男性来说，这 3 件事是吃咖喱、赚钱和看美女。这些都会引起大脑愉快中枢的活动。

这些影响已经被正规的研究所证实。把事情建立在研究的基础上是事实保护剂的一种方式。毫无疑问是有这种研究的，但除非你仔细阅读了研究报告，否则你可能并不知道研究是如何进行的。这几件事情比其他任何因素都更有效吗？研究中一共对多少种不同的影响因素做了试验？大多数人的反应都是一样的吗？

在另一份研究报告中，几名年轻男女被安排面对面地坐在桌子两侧。他们对视了 5 分钟，一句话也没说。3 年后，其中 90% 的同组男女和对方结婚了。

---

① 苯乙胺（PEA），又名 β - 苯乙胺、乙 - 苯乙胺，是一种生物碱与单胺类神经递质，它对压力大、焦虑和抑郁的人有好处。——编者注

　　这些人是从人群中随机挑选出来的吗？会不会是从同一个大学或其他小团体中选出来的？如果是从小团体中选出来的，那么对视可能为他们了解彼此提供了契机。如果他们不是来自同一个小团体，那么这个结果就更加惊人了。

　　夸张是事实保护剂的一种常见形式。

　　形容词也是事实保护剂的一种形式。形容词基本上都是主观的。如果你说某样东西是黄色的，这是可以用光谱仪检测的。但是如果你说某个东西很漂亮、有吸引力、灵活、夸张、浮华、廉价，那么你只是在表达你的观点。你可以数一数新闻报道中的形容词，就知道事实保护剂被使用得多频繁。对一个人来说很无聊的事情，可能对另一个人来说很有吸引力。

　　主观性的观点并没有错。有些人喜欢防风草①，有

———————————

①　中药名，具有祛风、除湿、解毒的功效。——编者注

些人不喜欢，这很正常。问题在于通过使用形容词，主观意见被当作事实摆出来。这是事实保护剂糟糕的一面。

引用著名人物或权威的话也是一种形式的事实保护剂。有时被引用的人的经验是可信的，有时引用的话的主人则只是没什么可信度的知名人士。

广告必须依靠事实保护剂。广告必须让观众相信它的真实性，才可能让他们有所行动。然而广告中的论述很少能真正被验证。

事实保护剂是有价值的。没有事实保护剂万事就无法运作下去。我们需要相信某些事情是合理的，即使它们没有真正得到证明。

重要的是逐步发展事实保护剂的概念，这样借助合适的思考框，我们就可以知道何时事实保护剂被使用了。

德博诺（中国）课程介绍

六顶思考帽®：从辩论是什么，到设计可能成为什么

帮助您所在的团队协同思考，充分提高参与度，改善沟通；最大程度聚集集体的智慧，全面系统地思考，提供工作效率。

水平思考™：如果机会不来敲门，那就创建一扇门

为您及您所在的团队提供一套系统的创造性思考方法，提高问题解决能力和激发创意。突破、创新，使每个人更具有创造力。

感知的力量™：所见即所得

高效思考的 10 个工具，让您随处可以使用。帮助

您判断和分析问题，提高做计划、设计和决定的效率。

简化™: 大道至简

教您运用创造性思考工具，在不增加成本的情况下改进、简化事务的操作，缩减成本和提高效率。

创造力™: 创造新价值

帮助期待变革的组织或企业在创新层面培养创造力，在执行层面相互尊重，高质高效地执行计划，提升价值。

会议聚焦引导™: 与其分析过去，不如设计未来

帮助团队转换思考焦点，清晰定义问题，快速拓展思维，实现智慧叠加，创新与突破，并提供解决问题的具体方案和备选方案。